读书载道

朱跃生 著

乾坤万里　尽在书中
读书照亮人生　自己才是光源
人生处处皆学问　何时不在课堂上

中国商业出版社

图书在版编目（CIP）数据

读书载道 / 朱跃生著. -- 北京：中国商业出版社，2021.1
ISBN 978-7-5208-1464-5

Ⅰ. ①读… Ⅱ. ①朱… Ⅲ. ①读书方法－通俗读物 Ⅳ. ① G792-49

中国版本图书馆 CIP 数据核字 (2020) 第 254398 号

责任编辑：管明林

中国商业出版社出版发行
010-63180647　www.c-cbook.com
（100053 北京广安门内报国寺1号）
新华书店经销
三河市天润建兴印务有限公司印刷
＊
880 毫米×1230毫米　32 开　4.25 印张　51 千字
2021 年1月第1版　2021年1月 1次印刷
定价：39.00元
＊＊＊＊
（如有印装质量问题可更换）

前　言

世　上　本　无　限
人　生　有　百　年
书　中　享　日　月
书　外　看　人　间

　　乾坤万里，尽在书中。书中不仅有"黄金屋"、有"颜如玉"，书中有过去、现在和未来。

　　读书照亮人生，自己才是光源。它不仅照亮了自己，还能照亮别人。

　　与书为伍，可以尽知天下之事。有书为伴，可以全无寂寞之心。

　　读一本书上一个台阶，读一辈子书造就高雅的人生。

　　纵观古今中外，纵论名人名家，往往读书入道，人生方可上道。

读书关乎人生，读书之道是大道。

读书之道，不仅在读的本身，更在读的过程；不仅在书中之意，更在书外的世界。

读书不仅在于长知识，更在于长脑子。读书是一个人重要的核心能力，是一个人深远的价值力量，是一个成功者的基本品格。读书能改变一个人的人生轨迹，能让自己的人生之路走得更加厚实。

没有不好的书，只有没读好的书。也不仅仅出版的那些书才叫书，自己就是一部非常重要的书。书读得好坏不在于读了多少遍，碎片化也是非常重要的读书方法。不要让兴趣从自己的身边悄悄地溜走，交流分享等于你有了多个脑袋。

读书最佳的心境是自然，最大的乐趣是享受，最高的情趣是品味，最好的礼物是问题，最美的感觉是拥有，最妙的场境是氛围，最靓的景色是过程。

时代发展到今天，世界之变百年未有，知

识更新越来越快,读书也需要与时俱进,跟上时代的步伐。

读书是一种成功的生活方式。

读书是一条通向成功的大道。

那里有你自己留下的脚印……

前言

读书载道

目 录

重新定义读书

01　读书不仅在于长知识更在于长思想　/003

02　读书是一个人重要的核心能力　/009

03　读书是一个人深远的价值力量　/015

04　读书是一个成功者的基本品格　/021

05　读书能改变一个人的人生轨迹　/027

06　读书能让人生之路走得更加厚实　/033

树立读书理念

07　没有不好的书只有没读好的书　/041

08　不仅仅出版的那些书才叫书　/047

09　自己就是一部非常重要的书　/053

10　书读得好坏不在于读了多少遍　/059

11　碎片化是非常重要的读书方法　/065

| 12 | 不要让兴趣从身边悄悄地溜走 | /071 |
| 13 | 交流分享等于你有了多个脑袋 | /077 |

追求读书境界

14	读书最佳的心境是自然	/085
15	读书最大的乐趣是享受	/091
16	读书最高的情趣是品味	/097
17	读书最好的礼物是问题	/103
18	读书最美的感觉是拥有	/109
19	读书最妙的场境是氛围	/115
20	读书最靓的景色是过程	/121
	参考文献	/127

目录

读书载道

重新定义读书

1

读书不仅在于长知识 更在于长思想

一个人有了思想，才有灵魂，才有主心骨。

然而，有些人对此不以为然。事实上，很多问题都可以归结为思想问题，比如站位、立场、路线、方法……它们都和自己的思想有关。**没思想是一个人最大的问题。**

人的思想是在不断积累中逐渐形成的，这种积累在很大程度上是读书的结果。读书在这个过程中极为重要、不可替代。俄国鲁巴金就说："读书是在别人的思想帮助下，建立起自己的思想。"

其实，获得知识是读书的基础功能，提升

重新定义读书

读书载道

思想才是读书的第一价值。读书不仅要长知识，更要长思想。**长思想是读书的第一要务。**

读书要长思想就必须过脑子。只有过脑子，知识才能成为自己的，思想才能化为自己的，读书也才有真正的价值。**过脑子是读书的第一要义。**

钱钟书一生沉浸在浩瀚书海之中，仅读书笔记就写了5万多页，读书心得写了800多篇，摘记的书籍有7000多部。正是读书才让他有了如此卓越不凡的成就，有了如此与众不同的思想。

读书处处能长思想，但关键在于怎么读。

读书首在读思想。 任何一本书都是有思想的，都是由思想统领的。思想是一本书的核心，有了它就有了灵魂和命根子，读懂它就能从中受到启迪。

要读懂作者的思想，比如作者的创作动机、思想境界以及与时代背景相连的创作诉求，它们为了什么、追求什么等，这是一本书的思想起源。

要读懂书中的思想,比如书的构思下、形式中、内容里所表达的观点、观念和看法,它们崇尚什么、反对什么等,这是一本书的思想内涵。

要读懂书外的思想,比如书中的那些言外之言、理外之理、情外之情,它们能给人以什么启发、什么启示等,这是一本书的思想价值。

读书重在新思考。任何一本书都是作者在某些领域进行探索、研究或创新的结晶，都值得我们去感受、去思考、去品味。这是读书的一般意义。

但这种思考不能仅仅停留在原著的情境框架之内，还得沿着书路书意去探寻，从而引发自己、开发自己，以达到举一反三的效果。这是读书的重要意义。

这种新思考还体现在我们的方方面面，要与传统结合起来，与时代融合起来，与未来联系起来，跨越边界、活跃思维、飞跃时空，以获得一些灵感。这是读书的深远意义。

读书终在能致用。读书的终极目标在于应用。南宋永嘉学派以及明末清初思想家顾炎武都极力提倡"经世致用"的精神，认为读书应该以治事济世、爱国为国至上，不应该是空洞空虚的。这在当今仍然值得推崇。

读书的奥妙就在于悟，悟透了才能融会贯通，觉悟了才能知行连绵，这样才能致知致用，让自己达到一种新的境界，而不是一知半解，更不是半桶水还晃。

读书的真谛在于化，化己还得化境。不仅要把书中的思想知识化为自己的，还要把它们化为大众的，既利己，也惠人，还益世，而不是夜郎自大、恃才傲物。

常言道"行百里路者半九十"，读书永远没有百里者，只有在行进中。

读书和做人一样，**都要有思想、会思想，还要出思想。**

好好读书，让自己成为一个有思想的人。

读书是一个人重要的核心能力

大家试想一下，人的一生之中，或者一天之中，哪怕是一件事情之中：

有谁会一直停留在某一个环境而一直不变？

有谁会一直停留在某一个过程而一直不变？

又有谁会一直停留在某一个角色而一直不变？

事实上，每个人所处的环境会经常变，所经历的过程会经常变，所扮演的角色也会经常变。只要它们变了，自己就要跟着变。否则，身在变中而不变，自己就会落后，甚至还有可能会落幕。

经常变，意味着有新的环境、新的过程或者新的角色，就会有新的情况、新的问题和新的要求，因此，必须要用新的思想、新的思维和新的知识去支撑。在很大程度上，**这种支撑能力要靠读书来提升。**

跟着变，意味着自己的思想、思维和行为都要跟着环境、过程或者角色的变化而变化。这是一种应变能力，是一个人的思维能力、学识能力和实践经验的综合体现。在很大程度上，**这种应变能力还是要靠读书去积累。**

毛泽东曾说："有了学问，好比站在山上，可以看到很远很多东西。没有学问，好比在暗沟里走路，摸索不着，那会苦煞人。""我一生最大的爱好是读书。"所以，即便是战争年代，即便是艰苦岁月，即便是弥留之际，他也从未间断过读书。

读书是一个人的**思想之源、思维之源和知识之源**。有了它们，一个人才有高度、宽度和深度，在应对变化、解决问题的时候才有本

深度，在应对变化、解决问题的时候才有本事。这是一个人最根本的东西。

然而，读书绝非一日之功、一时之意，它是一个不断地读而思考的积累过程，是一个不断地把读来的思想、思维和知识转化为自我能力的过程。这种思考能力、积累能力和转化能力，正是读书能力的重要体现。

这种读书能力实质上是一个人的核心能

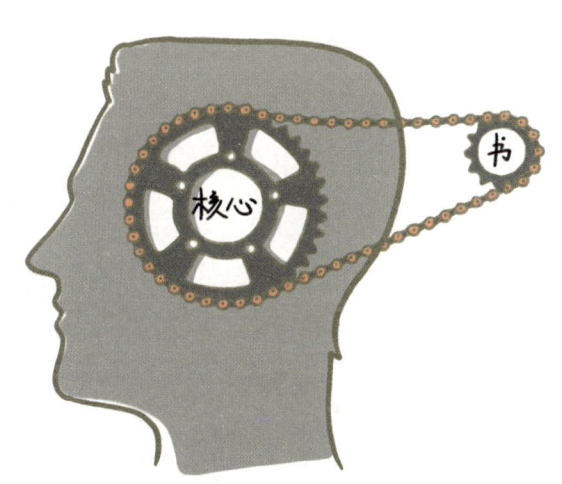

力。在读书的过程中，它不仅能把书里的东西变成自己的东西，还能把书里的和书外的结合起来，为自己的未来发展奠定坚实的基础。**这是一个人所有能力的基础、所有本事的起点。**

事实上，人和人之间的差别往往是从读书开始的。读书能力的差别，往往决定了其他能力的差别。而且，这种能力的差别还体现在一个人的潜力、耐力和后劲上。很多人**并没有输在起跑线上，而是输在了不会读书上。**

尤其是遇到问题的时候，有的人束手无策，而有的人知道要看什么书，到哪里去找书，怎么从书里寻找解决问题的办法。这也是一种非常重要的读书能力。法国都德就说："书籍是最好的朋友，当生活中遇到任何困难的时候，你都可以向它求助，它永远不会背弃你。"

当今，我们正处在一个高度变化的时代，发展的节奏比任何时候都要快。有时刚刚学会一种新的知识，转过身来就更新换代了，常常让人有一种强烈的"知识荒"和"本领荒"。

不读书是一个人最大的危机。

俗话说,逆水行舟,不进则退。读书也一样,不读则退。要活到老读到老,绝不能骄傲自满,更不能半途而废。马克思说:"任何时候我也不会满足,越是多读书,就越深刻地感到不满足,越感到自己知识的贫乏。"

读书要有一颗永不满足的心。

让自己的能力永不褪色。

读书是一个人深远的价值力量

3

一个人有了能力,还必须有力量。

然而,有些人平时看起来能力很强,说起来也有板有眼,一旦到了实战的时候,却使不出力量、抗不了重压、经不起摔打,能力几乎完全发挥不出来。

其实,能力并不完全等于力量。一个人的能力很强也可能力量很小,而能力很弱也可以力量很大。**力量的大小完全取决于能力发挥的程度**。严格地说,能力只有在实战中发挥出来,才能化为力量。

可以说,能力和力量是一对孪生兄弟,它们都是在读书的哺育下成长起来的。英国戏剧家、作家莎士比亚就说:"书籍是全世界的

营养品。生活里没有书籍，就好像没有阳光；智慧里没有书籍，就好像鸟儿没有了翅膀。"

而且，一个人不可能什么都懂，也不可能什么都会，更不可能什么都行，很多事情往往还需要很多人、很多专业知识才能完成，这时，有些人就会有力不从心或者经验匮乏的感觉。

这恰恰说明了一个人的能力不可能永远都那么强，力量也不可能永远都那么大，这需要经常给自己充充电、加加油，而**读书是最经济、最有效、最便捷的方式**。英国文艺复兴时期散文家、哲学家培根就说："读书补天然之不足，经验又补读书之不足。"

读书能让人们获得新知识、吸收新思想、学到新思维，并不断增强自己分析问题、解决问题和明辨是非的能力，从而**奠定自己一切力量的基础**。

这种力量能让人们动态地分析过去、现在和未来，全面地谋划解决方案，体现的是一个人的综合能力和内在力量,**它是解决问题的一把金钥匙。**

这种力量是一个人实现价值的基础,它存在于人们思想行为的系统中,贯穿于人们思想行为的过程中,融合在人们思想行为的实践中,成为自己的机能和潜力,在思想统领和思维集结下,随时可以爆发出来。**它是一种深远的价值力量。**

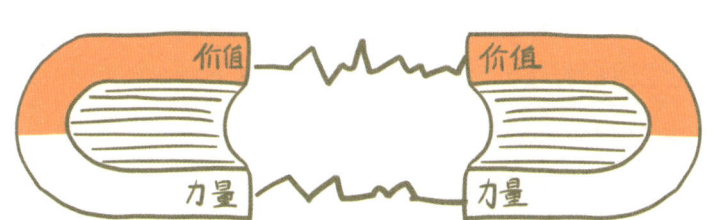

然而，读书是永无止境的，苏联著名作家高尔基曾说："人的天才是火花，要想使它成为熊熊的火焰，那就是学习、学习、再学习。"其实，不坚持读书，能力就会枯萎；不坚持读书，力量就会衰竭。**读书是保持能量与价值匹配的首选。**

何况，人生的道路并不是一帆风顺的，现实中人们也常常会遇到一些未知的东西，常常会遇到一些新的问题，常常会经历一些新的变化，需要及时去读书以不断补充自己的能量。**读书是保持能量与价值均衡的首位。**

而且，人生的道路也不是一成不变的，当一个人对价值的追求有了新预期的时候，当社会发展到了一个新时代的时候，一个人的学识能力也必须跟上这种发展的节奏。**读书是保持能量与价值协调的首务。**

毫无疑问，读书与价值有着不解之缘。读书是实现价值的途径，价值是驱使读书的动力，它们相互联系、相互促进，不断推动着人们从量变到质变、由低级向高级前进，共同塑造属于自己的价值人生。

俄国作家、思想家、哲学家托尔斯泰曾说："人生的价值，并不是用时间，而是用深度去衡量的。"从某种意义上讲，这种价值与读书有着千丝万缕的联系，这种深度与读书有着千端万绪的关系，是一个人的内在力量所向。

读书是实现人生价值的必由之路。

书读得怎么样，你便是怎么样。

读书产生力量。

读书是一个成功者的基本品格

人生之路永远不会那么平坦。

在人生的道路上,要做的事情实在太多。

然而,一个人的精力总是有限的,不可能什么都事必躬亲。而读书恰恰能让自己踩在别人的肩膀上,**把别人的成功当经验,把别人的失败当教训**,既增长阅历,又丰富自己,还能少走弯路、缩短过程。**读书是一条通向成功的捷径。**

西汉匡衡是一个穷苦人家的孩子,年轻时买不起蜡烛就凿壁偷光,买不起书籍就当长工换书读,纵使衣衫褴褛也从未半途而废,纵然饥寒交迫仍然持之以恒,勤奋读书成就了他

重新定义读书

读书载道

的理想之路，终成为西汉丞相和一代文学家。

"书山有路勤为径，学海无涯苦作舟。"读书要有吃苦精神和勤奋精神，但读书不仅仅需要吃苦和勤奋那么简单，还要有批判精神、实用精神和坚持精神，这才是读书应有的品格。

读书一定要有批判精神。读书和写作一样，都需要有深度的思考，这是一个不断研究和提升的过程。科学研究或艺术创作也是如此。这种思考的可贵之处，就在于由见树到见林的升格，其核心是**批判地阅读**。

不仅要存有一颗对原著的尊敬之心，虚心地收纳、吸取、借鉴书中有益的东西，而且，还要抱着一颗对真理的敬畏之心，不为已知的、现有的、常规的所阻碍，以批判的态度去探求，敢于否定、敢于挑战、敢于突破。

有时，**最大的障碍就是已知的东西**，固执、偏见和无知一样令人厌恶。读书如果仅仅停留在原地，那就是墨守成规、故步自封，这和倒退、腐朽没什么两样,这也正应了爱尔兰萧伯纳的那句妙语——读书使人迂腐。

读书一定要有实用精神。有人做过简单的计算,一般人一辈子能阅读的书还不到四千本,而中国一年出版的书常常达三四十万种。如何选择适合的书并高效地汲取营养,也许是读书最难的事情了。

事实上,人们难免会有知识的空档,事物往往也会超出人们的能力范围,法国尼克尔"**单刀直入、不做虚功**"的做法就很实用明智。

而且，一个人脑子再强大也总有装满的时候，再聪明也不可能什么都装得进去。**切勿做知识的保管员**，而是要做知识的拥有者。知识一定要及时消化吸收，把它化在自己的肌理之中，成为自己的一种本能和力量。

一个人如果长期钻进某个领域出不来，就容易变得愚钝。读书不应局限于正在解决的问题，也不应局限于自己熟悉的那些领域，而是要走出去、看看外面的世界。

读书一定要有坚持精神。法国巴斯德曾说："告诉你使我达到目标的奥秘吧，我唯一的力量就是我的坚持精神。"其实，胜利总是属于那些坚持的人。读书也是一样，干什么都一样，**贵在坚持、胜在坚持**。

坚持须保持童心。成人的涉猎和孩子的好奇是两种完全不同的心境。要把自己当成一名小学生，哪怕是一个有所成就的人，那么，你看到了什么都会觉得新奇。这是一个人最值得尊敬的品格。

坚持须保持激情。有时激情比兴趣更有执行力。但凡成功的科学家往往都是兴趣广泛的人，他们的独创精神有时就来自于博学而富有激情的想象力。

俗话说，读书不吃苦，以后常吃苦。

读书虽然有时苦，但甜总比苦要多。

读书和做人一样，品格最宝贵。

5

读书能改变一个人的人生轨迹

每个人都有自己的人生道路。

这是自己用一生所走出来的人生轨迹。

然而,影响人生轨迹的因素有很多,有内在的因素,也有外在的因素,有时一个小小的变数,就足以改变自己的选择方向。从某种意义上讲,**因素造就了自己的人生。**

总的来说,**影响人生的轨迹主要有九大因素,**包括环境、思想、学识、沟通、习惯、勤奋、生理、心理和情感。这些因素相互影响、共同作用,一直簇拥着自己在人生的道路上不停地行走。

这些因素缺了哪一个,人都是残缺的,

甚至还很致命。这些因素究竟哪一个起主导作用，并不能一概而论。不同的情境有不同的选择，不同的取向也有不同的选择。选择不同，人生的轨迹就会不一样，这也正是人和人之间存在差距的根源所在。

当然，也不能过分强调某些特定因素的作用，而忽略了其他因素的影响。人生轨迹本来就是众多因素综合作用的结果，没有固定的选项，也没有固定的标准，更不是"1+1"那么简单直白，但它们都是自己选择的结果。

研究发现，这些**因素的品质都与读书成正相关**。一些科学家认为，一个人的人生高度、宽度和深度都与他读书的高度、宽度和深度成正比，往往还**由他年轻时读书打下的基础所支撑**。从某种意义上讲，读书决定自己的命运，改变自己的人生轨迹。

但凡有所成就的人，没有哪一个不把读书当作**成功的阶梯**。读书能让人们有智慧、有力量、有快乐，还能让人们有拨云见日、茅塞顿开的感觉。更重要的是，读书往往还**孕育着机遇、蕴藏着转折、预示着变化**，让人们有一种改变现状的欲望、冲动和力量。

　　被誉为"中国现代数学之父"的华罗庚小时候家境贫寒，初中没有毕业就辍学在家，帮着父亲打理小店铺。凭着对数学的酷爱和天赋，他少年立志、勤奋自学，孜孜不倦、专注学问，成为世界著名的数学大师，走出了光辉夺目的人生轨迹。

读书如此重要，还可以用三个数据来佐证：

百分之三十。一个人读书的时间大约为一生的百分之三十。一个人从小学到大学，包括工作以后的继续教育、考证培训以及业余读书，这些时间累计占到了一辈子的三分之一。如果再加上硕士、博士研究生阶段的学习，有些人读书的时间占比还会更高。

百分之六十。一个人的知识大约有百分之六十来自读书。一般来说，获取知识主要有读书、实践和交流三种渠道。其实，实践是对读书成果的验证和运用，交流是对读书成果以及实践经验的分享和探讨，它们都是读书的一种延伸，都是知识的一种拓展。读书是知识最主要的来源。

百分之一百。百分之百的人都能从读书中受益。类似的说法多如牛毛，如认为读书可以训练思维、改变气质，可以获得知识、提升能力，可以开阔视野、提高境界，可以了解世界、跟上时代，可以陶冶情操、提升修养等，可以说，你所需要的书上其实都有。

余秋雨曾说："阅读的最大理由是想摆脱平庸，早一天就多一份人生的精彩，迟一天就多一天平庸的困扰。"从某种意义上讲，**读书就是在给自己的人生铺路架桥。**

读书是人生的一件大事情。

为了自己的精彩人生，一起来读书吧！

重新定义读书

6 读书能让人生之路走得更加厚实

人生之路是自己走出来的。

一个人要走什么样的路，是自己选择的结果。这条路走得怎么样，是自己努力的结果。

常言道，**路选得怎么样在认知，路走得怎么样看修为。**

然而，选择什么样的人生道路，虽然影响因素很多，但最后都取决于一个人的认知水平。这种认知水平是一个人的思想观念、思维能力以及学识水平的总和，在很大程度上是一个人读书成果的综合反映。

然而，这种认知水平并不是一成不变的，它和一个人所处的人生阶段有关，还和一个人的积累水平有关。当一个人处于不同的人生阶段，或者积累到了一定程度的时候，它就会发生变化，而这种变化在很大程度上也是读书带来的。

何况，人生的道路不会一直风平浪静，难免会有风风雨雨甚至生死存亡的考验，这时，往往更需要的是一个人的意志和胸怀。其实，这还是选择问题，也还是认知问题，是读书所应追求的那种人格魅力。

春秋末期，著名的思想家、教育家、儒家学派创始人孔子，从小就认识到读书的重要性，不论是顺境还是逆境，他始终学而不厌、诲人不倦、孜孜以求、不耻下问、传道解惑、著书立说，这种毕生追求学问的精神，是每一个读书人的楷模典范。

实际上，一个人的人生之路走得怎么样，不仅在于思想学识的本身，更在于思想学识的运用。如何把思想学识运用到实际中，这里面非常玄妙、大有文章，表面上看是方法问题，实质上则是修为问题。

从某种意义上讲，这种人生修为和读书紧密相关，在很大程度上是读书所修炼出来的。但这绝不是一般意义上的读书，而是一种**读书人格化的精深修炼**。

北宋黄庭坚曾说："一日不读书，尘生其中；两日不读书，言语乏味；三日不读书，面目可憎。"其实，读书和练功一样，台上一分钟，台下十年功。读书**重在坚持、贵在积累**。

任何一本书都是有益的，书读得好坏往往不在于书的本身，而在于读的态度和角度。钱学森就说过："任何事物除去表面的东西，本质都是相通的。"其实读书也一样，要把态度摆正了，要把角度选好了，更要**联系起来、融会贯通**。

读书的功夫在于思考，思考了才能深刻理解、举一反三，才能读得明白、悟得透彻，运用起来才能得心应手，行动起来才能轻车熟路，读书才真正读到了家。读书要做到**读而必思、思而必悟**。

读书最大的悲哀是纸上谈兵，最大的幸运是活学活用。千万不要谈起来口若悬河，做起来六神无主，关键时刻脑子一片空白。读书不能只停留在书本上，而是要百纳山川归大海，**要读好读活、用好用活**。

中国有句老话叫"书不尽言，言不尽意"。其实，书中所言、书里之意只不过是书外世界的冰山一角而已。读书有时就要跳到书外，回归到书外世界，这才是读书的本质。读书要**跳到书外、回归现实**。

在当今这个时代，知识更新越来越快。20世纪知识更新的周期为5~10年，现在已缩短至2~3年，甚至还会更短。不读书就会落伍，就会被边缘化，还有可能被淘汰。因此，读书也要**与时俱进，跟上时代**。

读书能让自己的人生之路走得更加厚实。

读书是一个人的毕生功课。

重新定义读书

读书载道

树立读书理念

7

没有不好的书，只有没读好的书

一本书，究竟该不该以好坏去衡量？

这是一个常常被人们忽略的问题，却是**读书首先要解决的问题。**

以好坏论书籍是很多人的通病，就连一些名人也不例外。

法国伏尔泰曾说："当我们第一次读一本好书的时候，我们仿佛觉得找到了一个朋友。"

德国歌德曾说："读一本好书，就是和许多高尚的人谈话。"

英国菲尔丁甚至说："坏书如同坏朋友，能使我们堕落。"

……

树立读书理

读书载道

这些话固然没有什么错,但简单地把书分为好的或坏的,未免有点过于轻率了。

其实,一本书的好坏并没有统一的判别标准。一些人所谓的好书坏书,往往是从他们个人的理解判断出发的,如果符合他们所预期的,或者与他们有共鸣的,就认为是好书,否则就是不好的书。有时,这也不过是某些人不愿意读或者读不下去的托词而已。

其实,**一本书总是可以找到恰当的角度去阅读的**。站在这个角度看,也许觉得这本书不好;站在那个角度看,也许觉得这本书就不错。不同的角度往往就有不同的看法,而角度总是很多的,也总是可以变换的。找到恰当的角度,读起书来就会很快进入状态。

其实,一本书还是**要以正确的态度去阅读**。凡事都有一个态度,事情都是一分为二的,对一本书既要辩证地去看待,还要积极地去对待。而且,有时反面的东西更值得深思和借鉴。

事实上，**书没有好坏，完全在于自己怎么读**。俗话说，开卷有益。无论什么样的书，只要读了就会有用。平时应该多读书，多读不同类型的书，好让自己的精神身体更加有营养、抗衰老、能免疫，并为自己的皮肉身体提供强劲的力量支撑。

鲁迅先生曾说过："只看一个人的著作，结果是不大好的，你就得不到多方面的优点。

树立读书理

读书载道

必须如蜜蜂一样，采过许多花，这样才能酿出蜜来。倘若叮在一处，所得就非常有限，就枯燥了。"可见，多读一点书总是好的。

读书不怕少，就怕读不好。英国麦考利说得好："了解一页书，胜于匆匆地阅读一卷书。"读书千万不要急功近利，也不要希望读了一本书就可以一劳永逸。读懂一点也不错，记住一点就有用，读书就是一点一滴积累起来的。

读书不怕多，就怕不思索。读书的多和思缺一不可，而思更为重要。有了思才有想，才会主动地去发现问题、线索和疑惑，读书的附带也才能随之展开，这恰恰是读书的精髓所在。固执使人狭隘，偏见使人短视，要想拒绝平庸，就要从多读书开始。

读书不怕杂，就怕不消化。读书的奥妙和科学研究、艺术创作一样，有时就在那些意外的、细小的或者简单的东西，它们往往能在不经意间触发你的灵感。如何捕捉到它们，在读书时要特别留意。要小中见大、浅中见深，细微之处见真章，那么，什么样的书都是可以读出感觉来的。

英国培根曾说："读史使人明智，读诗使人灵秀，数学使人严密，物理学使人深刻，伦理学使人庄重，逻辑学、修辞学使人善辨，凡有学者，皆成性格。"

事实上，读书能培养一个人的性格。

要阳光地、正向地去读书，书就越读越精彩。

8 不仅仅出版的那些书才叫书

一般来说,人们总习惯于把出版的那些书才叫书。

然而,时代发展到今天,"书"这个概念已经到了**非延伸不可**的时候了。

这种概念的延伸,绝不是重新定义什么是书这么简单,更重要的在于对人生须有一种新的认识。

事实上,当一个人从学校走向社会的时候,常常会有一种学非所用的感觉。因为在学校里学的主要是理论知识,而社会需要的主要是实用的技术。

而且,在工作生活中,有时经验、技巧、

树立读书理

读书载道

感觉之类的学问往往很重要,这些在书本上是读不到的,**只有在社会这所大学里才能读到。**而在社会这所大学里读得怎么样,才是人和人之间产生分化的主要原因。

而且,任何事情都不是一成不变的,自己所学的那点东西也不过是皮毛而已,只有不断学习才能适者生存。因此,不仅要从书本上学,还要从社会上学,需要什么就学什么。可以说,**从社会上学习是最实用的读书方式。**

事实表明,一个人的学识能力大部分是从社会上学来的。社会这所大学包罗万象。而且,一个人如果过度依赖于学识能力,有时在社会上还是很难立足的,还需要在社会上学习各种各样的生存技能。

美国比尔·盖茨认为自己的成功经验就是坚持学习,他多年来一直坚持每周读一本书。他认为学习并不一定非要在学校里,生活中的每一个环境都可以学习,比如在家里、在旅行中、在上班途中……

从某种意义上讲，人的一生都在读书之中。不是在学校里读书，就是在社会上"读书"。在学校读书是有组织的，而在社会上"读书"则完全在于自己的修行了。

有道是，**人生处处皆学问，何时不在课堂上**。要把读书当成人生的一种修行过程，当成人生的一种生活状态，人在哪里、读到哪里，好让自己"苟日新，日日新，又日新"。

要定好角色。一个人如果执迷于某个角

色而深陷其中，往往会找不到自己应有的位置。任何时候一个人都应该至少同时具有三个角色，就像卫星定位同时需要三个坐标一样。在社会上，除了要当好"本色"之外，还要既当"学生"、也当"观众"。这样，人生才有更好的参照。

要以学为纲。只有把读书这个纲举好了，人生这张网才能张得开。不管读书的动机是什么，它总是能牵引着人们驶向成功的彼岸。**失败才是最好的老师，逆境才是最好的课堂**，能人志士往往隐藏在社会之中，读书的功夫就在平时。

要广而读之。社会这所大学没有固定的形式，企业、农场、网络……都是课堂，农民、工人、医生……都是老师，新闻、总结、文章……都是课本，技术、手艺、经验……都是学问。在社会这所大学里，**每一个人都是大学生**。

要时而省之。社会是需要反思的课堂，自

有的成绩不放，要敢于否定自己。不要架空读书和社会的联系，要坚持选择服从需要。不要定于一尊、局于一隅，要经常对自己进行批判的审查。

俄罗斯别林斯基曾说："我学习了一生，现在我还在学习，而将来，只要我还有精力，我还要学习下去。"

在社会这所大学里，没有毕业的时候。

总有读不完的书。

树立读书理

9 自己就是一部非常重要的书

读自己这本书是一件很难的，却是极为重要的事情。

然而，很多人并没有把它当回事，有些人为此还付出了不小的代价。

其实，任何事情都是**一半在外面、一半在里面**。而且，里面的一半往往决定着外面的一半，里面的一半往往比外面的一半更重要。

其实，对外面的无知并不可怕，对自己的无知才最可悲。所以，无论如何都要读好自己这本书，否则，其他的书哪怕读得再好，走起路来也是会跛脚的。

希腊苏格拉底有一句名言："你自己就是一座金矿，关键是看如何发掘自己、重用自

树立读书理

读书载道

己。"他对人说的最多的一句话就是"认识你自己"。

认识自己，就是知道自己是什么，自己有什么，自己需要什么，自己还缺什么……然而，世界上又有多少人能真正地认识自己呢？事实上，一个人最容易忽略的就是自己，最容易迁就的也是自己，有时还不知道自己究竟是谁。

认识自己，就是要**读好自己这本书**。在读好自己的过程中，完成自我教育和自我训练，把里面的一半夯实了，为外面的一半做足准备，好让自己的人生更加完整、智慧。

这种自我教育和自我训练式的读书，不同于在学校里读书和在社会大学里读书。自己既是老师、也是学生，既是课本、也是课堂，读得好坏全在于自己，怎么去读大有文章，必须抓住本质的、核心的和关键的东西。

务必要找自己的错。找自己的错，不仅是智者所为，还是勇者的觉悟。世界上哪一个成功者不是在错误中站起来的？哪一个失败者不是在错误中倒下去的？其实，成功往往就隐藏在错误的背后，它和错误也就一步之遥。找到了错误就意味着成功了一半。

错误总是会来的，有时来得还很不是时候。英国利斯特说得好："我想象得到，一个人最高尚的行为，除了传播真理之外，就是公开放弃自己的错误。"英国巴特利特说

得更为贴切:"衡量一个人智能的最佳标准,也许就是找到并抛弃错误的速度。"

务必要进自己的场。人生不是独幕剧,总会一幕接着一幕;人生也不是独角戏,总会一场接着一场。在人生的大舞台上,一个人虽然不可能永远是主角,但总有一幕是属于你的,总有一场是你的。一定要找到属于自己的主场。

在自己的主场,自己就是主角。但要想成为既叫座又叫好的主角,必须把台下的功夫练好,把台上的场面控制住,把观众的情绪调动起来。奥地利席勒就曾说:"真正的价值不是在人生的舞台上,而是在我们所扮演的角色中。"

务必要走大家的路。人生的道路是自己选择的。在这条路上没有独行者,难免会遇到各种各样的人,要和各种各样的人打交道,也会受到各种各样因素的影响,但总能找得到一条适合自己的路。

什么都重要。按照自己的方向、自己的步伐和自己的速度,才能走出人生的精彩来。但路是大家的,节奏却是自己的。**要按自己的节奏,走大家的路。**

美国海明威曾说:"自己就是主宰一切的上帝,倘若你想征服全世界,你就得征服自己。"

然而,我们并不想征服全世界,也不需要征服自己。

我们要让自己的路走得更好。

我们需要认识自己。

读书读得好坏不在于读了多少遍

10

读书总是会有收获的。

事实上,每一次读书都会有不一样的感受,有时还有意想不到的惊喜,甚至还有可能得出和以前相反的结论。

其实,读书的本意并不在于读了多少遍,而在于获得了什么样的**深度感悟**,获得了什么样的**知识复制**,获得了什么样的**读书附带**,这才是读书最大的收获。

其实,读书的过程并不在于读书本身,而在于如何把书中有价值的东西读出来,把书外有意义的学问读出来,读懂书上所没有的东西,这才是读书最好的收获。

而且,读书不能只停留在书本上,也不

树立读书理

能只停留在思考中，而是要**代之以新、读而化己**，把书里书外读出来的东西化为自己的新东西。

法国内尔纳就曾说过："良好的方法能使我们更好地发挥运用天赋的才能，而拙劣的方法则可能阻碍才能的发挥。"读书也一样，应该具有这样一些不凡的见识：

速度听命于质量。书只有读懂了、思熟了、悟透了，才有可能成为自己的东西。美国富兰克林说得好："读书的数量并非首要，重要的是书的品质和引起思索的程度。"

要把读书的质量放在首位，多思慢读、多考慢翻、多品慢嚼，专注于读书的过程，专注于读书的收获，专注于读书的享受，这其实也是对读书最好的鼓励和推动。

抓住问题不放。问题往往是机遇的线索，书读得好坏有时就在于能否抓住它，并以此作为起点。但是，机遇也只是提供了机会而已，重要的是如何去发现并抓住它。

在读书的过程中，要紧紧盯住那些关键的问题，由此及彼、由表及里、去粗取精、去伪存真，从而达到推陈出新的效果。抓住问题不放是读书的一种韧劲。

不要约束自己。有些人读书的目的性很强，还常常给自己附加一些读书条件，这会让读书变得拘谨起来，有时还令人十分沮丧。英国达尔文的这句话就很值得我们深思："我一贯力求保持思想不受约束。"

读书应该把复杂的问题简单化，不要刻意追求满意的结果，因为每一次读书都会有新的进展。随着每一个新的进展，就会如俄国巴甫洛夫所说的，"我们达到了更高的水平，看到了更广阔的天地，见到了原先在视野之外的东西"。

不尽信书中所言。读书最普遍的问题就是唯书唯上，不细思推敲，尽信书中所言。其实，书中的一些观点也仅仅是作者的一家之言，有些结论也仅仅是书中的一家之说，本就有抛砖引玉之意。

要坚持读书的独立性，养成批判性思考的习惯，把书里的和书外的对照起来，把作者的和自己的结合起来，既不轻易否定，也不轻易下结论，这样就一定能琢磨出自己的东西来。

保持超然的距离。读书如果身陷其中，成了当局者，就容易被主观判断和情绪化左右。如果置身其外，成为旁观者，就容易犯经验主义和教条主义的错误。当局者容易迷，而旁观者也未必清。

要保持一种超然的状态，把自己放到更大的环境中，不拘泥于读了多少遍，不纠结于读得好不好，在读书的过程中还要经常回头看看，保持一颗平常心，以自然的状态去读书。

西汉刘向曾说："书犹药也，善读之可以医愚。"

事实上，读书确实是一副很好的药。

一定要把书读好了。

树立读书理

11

碎片化是非常重要的读书方法

头脑是一个人最重要的工具。

聪明的人总会利用各种机会来武装自己的头脑。

从某种意义上说,头脑武装的程度,决定了一个人的思想水平和行为能力,决定着一个人的人生走向和实现目标的程度,而**读书是武装头脑的好方法**。

事实上,读书武装头脑不是一蹴而就的,而是自己不断读书的结果,是不断读书所积累起来的。**读书积累是一切积累的基础。**

然而,这种积累是时间积累的产物。就读书这件事来说,如果不是学生的话,一个人是很难有大把的时间去读书的。于是,碎片化读书就成了许多人的不二之选。

树立读书理

读书载道

有些人认为碎片化读书并没有什么大用，而事实恰恰相反。**一个优秀的头脑其奥秘就在于捕捉碎片化时间这个罕见的才能。**华罗庚就说："善于利用零星时间的人，才会做出更大的成绩来。"

有些人认为碎片化时间实在不那么好找，而事实并非如此。没有时间不是理由，不想读书才是症结。鲁迅就曾一针见血地指出："时间就像海绵里的水，只要愿挤，总还是有的。"

碎片化读书**不在一时、却在坚持**。朱熹曾说："立志不坚，终不济事。"法国蒙田也说："我有两个忠实的助手，一个是我的耐心，另一个就是我的双手。"

碎片化读书全在一个"我"字，时间在我，读书也在我。要真心呵护读书的那点感觉，真诚坚守读书的那点收获，按照"**无约束、渐进式、逆传统**"的碎片化读书模式，积少成多、积小成大、积厚成器。

　　这种读书模式推崇的是读书"**自己说了算**"，不追求读书的形式，只要读书的事实：

　　想读什么就读什么，想读到哪儿就读到哪儿。不给自己定目标，读了什么都没关系，读到哪儿也都可以，不受任何目标的限制。

　　想什么时候读就什么时候读，想读多少就读多少。不给自己定时间，读了多长都没关系，读了多少都可以，不受任何时间的约束。

读书载道

想在哪儿读就在哪儿读,想怎么读就怎么读。不给自己定形式,在哪儿读都没关系,读得怎么样都可以,不受任何形式的束缚。

这种读书模式推崇的是读书**"自己看着办"**,不追求读书的结果,只要读书的过程:

只要读书有了新发现,或者遇到了新知识,这时,就要停下来想一想。不要把读了多少当回事,不要把想没想出来当条件,明天还可以继续。

只要读书有了新问题,或者遇到了新疑惑,这时,就要静下来想一想。不要在乎今天读得好不好,不要盯着今天读得怎么样,下次还可以继续。

只要读书有了新瓶颈,或者遇到了新阻碍,这时,就要放下来想一想。不要被困难卡住了脖子,不要被挑战推下了陷阱,以后还可以继续。

这种读书模式的关键在于**"聚沙有方"**。要有水滴石穿、磨杵成针的定力和毅力,雁过留声、读过留痕，一点一滴去积累，一点一滴串起来，**聚沙成塔、集腋成裘。**

这种碎片化的读书方法和爬山一样，要不急不躁、不紧不慢，稳住心神、稳住步伐，每一步都要走好，每一个台阶都要走稳，不求快、只求实，以时间换空间。

英国布莱克曾说过："辛勤的蜜蜂永远没有时间的悲哀。"

读书也要向小蜜蜂学习，在书海里默默地耕耘，不为时间而发愁。

不要让兴趣从身边悄悄地溜走

12

很多人喜欢读书都是从兴趣开始的。

兴趣对读书来说是一件非常重要的事情。

有了兴趣,读书的童心才有支撑,读书的激情才有依靠,读书的习惯才能坚持。兴趣对读书有积极的推动作用。**兴趣是读书的前提。**

只要读书就会有所收获,无论是什么样的收获,总会吸引着你对读书的喜爱,也会引诱着你再读书的欲望。**读书是兴趣的源泉。**

一个人有了读书的兴趣,自然就会爱上读书,在读书时就能集中注意力,并在兴趣的推动下不知不觉地读起书来。**兴趣有助于培养良好的读书习惯。**

树立读书理

读书载道

宋代陈颐说过："未见意趣，必不乐学。"但是，读书的兴趣也不是说有就有的，它是一个人长期读书的积淀。

何况，人总是有机会主义倾向的，也都具有双重甚至多重标准，而且还特别有一种"例外"的情结，因此，保持读书的兴趣并不是一件很容易的事情，一不小心兴趣就会从自己的身边悄悄地溜走。

孔子有云："知之者不如好之者，好之者不如乐之者。"其实，有了兴趣还要"伸出手、张开嘴"，付诸行动才是读书的硬道理。

事实上，有了读书的兴趣并不等于就有了读书的行动。有些人虽然读书的兴趣很高，可是就"拿不起"一本书来。有时即使拿起来了，也进入不了读书的状态，没有读书的那种感觉。读书的兴趣需要自己经常去呵护。

要把兴趣当成读书的生命，经常牵着它、关心它、不辜负它，珍惜读书的收获、调好读书的状态、开放读书的态度，**在读书中保**

持兴趣，在兴趣中好好读书。

一定要珍惜读书的收获。 读书不是过眼云烟，不能一读了之。读书也不是猴子看桃园，不能任其生熟而不顾。要像珍惜生命一样珍惜读书的收获，有了收获就要及时行动，不能让它随风而去，不要让它撒落满地。

要随时把读书的收获纳入囊中，或者把它记在脑子里，或者把它记在本子上，或者把

它发到自己的微信里……而且，还要记得和家人、朋友分享一下，给自己轻轻地点个赞。

一定要调好读书的状态。读书不是和尚念经做做功课，不可以心不在焉。读书也不是闲来无事逛逛庙会，不可以漫不经心。读书要有一个良好的状态，否则书就读不下去、也读不进去，即便拿起书来也只是装模作样而已。

要持有一颗不倦的心，既要练脑力、还要练体力，既要练耐力、还要练毅力，以锲而不舍的精神去求真索义、探根寻脉，一直保持着那份读书的童心和那份读书的激情，宁静而自在地享受读书的惬意。

一定要开放读书的态度。读书不是井底之蛙，不能不知天高地厚。读书也不是笼中之鸟，不能隔离了外面精彩的世界。读书要持有一个开放的态度，善于从不同的角度看问题，学会用不同的眼光看世界，从书里读到书外去。

苏东坡就认为读书一定要选择一个恰当的角度，集中关注某一个方面，集中理解消化某一个问题，然后再变换不同的角度去读，每读一遍都会有新的收获，如此就能达到一通百通、事事精通的效果。

读书是一件快乐的事情，一定要牵着兴趣的手前行。

把自己引向高处、深处、远方，让自己天天向上、天天向好、天天更美。

树立读书理

13

交流分享等于你有了多个脑袋

俗话说，**愚者闷头读书，智者读到书外。**

聪明的人总是善于借用别人的思想来丰富自己。

澳大利亚贝弗里奇就说："讨论和交流往往使人振作，给人以激励和鼓舞，特别是在人们遇到困难、感到烦恼的时候。"其实，读书也一样，有时就要放一放、走出去，与别人交流分享一下，这是一件于人于己都非常有益的事情。

何况，书里说的本来就是书外的世界，到书外的世界去，和书外的人交流，以弥补自己的不足，训练自己的智能，跟上前沿的步伐。这其实是**读书的一种回归方式。**

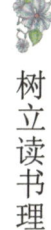

树立读书理

这种方式与其说是读书的交流分享,还不如说是与他人相互探讨的思想碰撞,彼此切磋的学识互鉴。这是一个聪明人**"借外脑"的读书方法。**

尤其是当书读到一定程度的时候,难免会受到固有思维模式以及能力经验的束缚,一些人的读书鉴赏力也会开始衰退,自然也会有僵化、偏见、教条、狭隘或者怀疑的地方。

而且,当书读到一定程度的时候,还容易忽略一些显而易见的问题,臆造出一些虚无空假的想象,不经意地就钻进了"牛角尖",往往还有重复这种错误的习惯倾向。

这时就要**放一放**,不再进行那些低效的阅读。暂时放下手中的书,走出去轻松一下,好让自己有一个孕育消化的时间,从"牛角尖"里拔出来,忘却那些散乱的思考,让自己调整到一个良好的状态之后再继续阅读。

这时就要**聊一聊**,找个人来交流讨论一下,听一听别人的看法,聊一聊书外的事情,也许可以得到豁然开朗的启发，还可以丰富自己、提振自己、完善自己，从而达到事半功倍的读书效果。

俄国托尔斯泰曾经说过："与人交谈一次，往往比多年闭门劳作更能启发心智。思想必定在与人交往中产生，而在孤独中进行加工和表达。"他的这番话对于读书人来说，可谓金玉良言。

要打开自己那扇心灵的门户,把书外的当书里的,把自己放到书外去,开放读书的环境,开阔读书的视野,开启读书的心智,**走到书外、共享读书**,好让读书既惠了自己,也利了大家。

然而,这种读书方式看似平常简单,但真要做起来并不那么容易。它有可能突破自己的陈旧思路,打破自己的既有体系,触及自己的某些痛处,必须要有以非常之心、行非常之事的决心。

一定要有心为之。要做一个非同一般的有心人,怀抱一颗敞亮、真诚和谦卑的心,以自我否定的勇气和虚怀若谷的胸襟,用学术的诚实和人品的宽良,以书里的为基点,以书外的为落点,谈笑之间朝四面八方铺开。

一定要有意为之。要做一个非同一般的有意人,明白自己可以拿什么去和别人分享,有什么要和别人去交流,该和什么样的人去探讨,有意地去安排准备。不要羞于图利、耻于起早，读书人的"无利不起早"恰恰是一种美德。

一定要有求为之。要做一个非同一般的有求人，诚恳地向别人求助，虚心地向别人求教，耐心地向别人求证，自己要求知若渴，彼此要求同存异，知识要求端讯末，不要趾高气扬、自以为是，既要懂得求己，还要学会求人。

其实，书里的世界和书外一样广阔无边。

书是永远读不完的。

共享才是真读书。

追求读书境界

14

读书最佳的心境是自然

读书是要有心境的。

没有好的心境，读书就会成为一种熬人的负担，读书的兴趣也会随之消失。

事实上，读书越复杂往往就越读不进去，越讲究往往就越读不下去，越着急往往就越读不好。

俗话说，**简单才快乐，自然就轻松**。读书本来就是一件很简单的事情，不要逼着自己去读，也不要把读书过于庸俗化，强扭的瓜总是不甜的。其实，读书就是读书，没有那么复杂。**读书很简单，简单去读书。**

而且，读书还要**随意一点**。书是必须要读的，怎么读却没有定律。读书不是为了快

追求读书境

读书载道

乐，读书自然就会有快乐。千万不要过于刻意，也不要那么讲究，而是要读出朱光潜所提倡的那种"无所为而为"的境界，**顺其自然、还要努力。**

何况，读书不是一件那么精确的事情，也不是什么火烧眉毛的大事，既不要勉强自己，也不要患得患失，而是要像英国乔伊特所说的那样"不紧不慢、不劳不怠"，好比牵着伊人之手，闲庭信步在花前月下，从容地呼吸着沁心的空气。

有了简单、随意、从容，读书自然就能达到一种悠然自得、超然自引的境地。

然而，这仅仅是读书的一种"小自然"心境。读书还要追求**书人合一的"大自然"心境**，来一场与大自然的亲密接触，在读书的转折中完成人生的蜕变和升华。

这种转折是读书的人性回归。书是大自然的书，人是大自然的人，读书自然要回归到大自然。这种回归，就是要把读书的种种与大自然挂起钩来，遵从大自然，顺从大自然，才能读得"大自然"。

首先，要顺时而读。知识是无界的，读书也要无界。任何一本书都是可以古为今用、洋为我用、彼为此用的，读书自然要**立足当下、以用为本**，活学活用、新学新用，让读书的效用发挥到最大。

读书不能局限于书上的背景意义，也不能受限于书中的条条框框，而要与时代、时局

读书载道

或者时事联系起来，与时节、时用或者时境衔接起来，**因时而读**、**为时而读**，一本书自然就能读出很多的滋味来，书自然也就读活了。

其次，要应景而读。任何知识都是对实践的概括和提炼，读书的目的最终还是要归结到罗丹所说的"在良知的照耀下看清世界"。如此就非要人格化地去读书不可，方能领略到书里书外的那些格物之致。

进入书里时，就要置身书中，跟随书里的情景"喜怒哀乐"；从书里出来了，就当置身书外，用书外的情景去"喜怒哀乐"。要以良知为明灯，**顺理而行、依律而动**，就像挽着伊人之腰在舞池中恣意地徜徉。

最后，要逆流而读。大自然是很玄妙的，至今还有很多东西是未知的。有一次，达尔文半开玩笑地说："大自然一有机会就是要说谎的。"其实，他说得很有道理，只不过大自然是不会说谎的，"说谎"的是我们自己而已。

而且，人的局限性决定了书的局限性，读书有时就要突破这种局限性，正反相济、正书反读。要试着去反读、反思、反用，**有时灵感就来自于对立面，而创造往往就在逆流中漂泊**。何况，反着读一下又无伤大雅，尤其当读到"山穷水尽疑无路"的时候，也许就会"柳暗花明又一村"了。

书是大自然赐给人类的最高奖赏，我们自然是要珍惜的。

自然读，读自然。

追求读书境

读书最大的乐趣是享受

15

读书是一种很惬意的人生体验。

与书为伍，可以尽知天下之事。有书为伴，可以全无寂寞之心。在书里，自己就是世界的主宰。

尤其当读书有了一些收获的时候，当读书读到了情动于中的时候，不经意地就会进入一种享受的状态。

这种状态正是读书所追求的，也是读书所需要的，而且，它是读书本该具有的一种境界。

这种境界主要来自于读书的乐趣，而这种乐趣是读书所特有的，是读书人内在情结的真实写照，棋布于读书的过程之中，其他任何事

追求读书境

情都无法与读书的乐趣相比。

读书之乐何处寻，数点梅花天地心。读书的乐趣有很多，**至少有六大乐：**

书是人类的良师益友，它从不拒绝每一个向它求教的人，从不挑剔每一个愿意与它为友的人。左宗棠就说："读未见书，如得良友；读已见书，如逢故人。"此乃**有书之乐**。

书是人类最大的宝藏，书里有过去现在未来，有天文地理百科，人们总能从书里找到自己所需要的东西，一定能在读书中有所收获。此乃**所得之乐**。

读书常常会有一些意外的惊喜，不经意间就遇到了梦寐以求的书，得到了朝思暮想的答案，产生了强烈的共鸣，犹如"众里寻她千百度，蓦然回首，那人却在灯火阑珊处"。此乃**邂逅之乐**。

读书之功惟思惟勤，而关键在于如何依据自己的心意去任意地玩味、反复地琢磨，从中体会到自己所喜欢的、所倾心的那些读书味道。朱熹就说："读书之法无他，惟是笃志虚心，反复详玩，为有功耳。"此乃**揣摩之乐**。

读书往往还有豁然开朗的时候，也许会让你突然之间就有了直觉灵感，突然之间就有了触类旁通，突然之间就有了顿悟觉醒，仿佛是受到了高人指点，恰恰是遇到了梨花带雨。此乃**拨云之乐**。

读书对一个人的影响是巨大的，读一点就有用，读一次就进步一次。有时这种进步也许微乎其微，但它孕育着无限的生机，预示着可能爆发而来的巨大能量。高尔基说过："书是人类进步的阶梯。"此乃**拾阶之乐**。

然而，读书之乐还绝非如此，不同的人还有不同的诠释。美国凯勒就说："书是身旁的顾问，可以按照你的心愿，随时供给你所需要的知识。"

读书是有百利而无一害的，但读书毕竟是一件"苦差事"，还必须有良好的读书心态。英国巴罗就说："在读书的道路上要去不断地寻找快乐，必然会遇到很多的苦，但是如果达到了一个境界，就会真正体会到苦也是甜、甜藏于苦中。"

而且，读书还是一件高雅的事情，虽然不可以用专业人士的审美鉴赏标准去要求一般的读者，但至少也要有一种审美的态度，也要有一定的审美眼光，保持平和乐观、积极向上，偶尔也享受一下读书所带来的那种诗情画意。

对于读书来说,"及时行乐"非常重要,享受读书的快乐是无可非议的,不要扭扭捏捏,也不要半推半就,更不要"犹抱琵琶半遮面",而是要像李白所说的"人生得意须尽欢,莫使金樽空对月"。

其实,书还是一面镜子、一盏明灯、一根拐杖……它是人生道路上**必备的随身工具**。

读书是一件彻头彻尾的快乐事情。

在读书中享受快乐。

在享受中快乐读书。

追求读书境

读书载道

读书最高的情趣是品味

16

读书是一件很有情趣的事情。

有的人比较专注思想的交锋，有的人比较留意人物的冲突，有的人则偏好于遣词造句……读书的情趣是因人而异的，爱尔兰萧伯纳就说："众人的情趣是千差万别的。"

读书是不能没有情趣的。一旦没有了情趣，书就会读得机械乏味而少了激情，如果时间久了，还有可能成为一件痛苦的事情。**没有情趣是读书的一种硬伤。**

善于读书的人往往懂得如何去调动情趣，把自己的追求、态度和心理都展现在读书的过程中。而当这种情趣的专注和书中的情景碰撞

追求读书境

读书载道

在一起时，就会情不自禁地详细审查起来，读书就到了一种品味的境地。

俗话说，**茶品了才更香，书品了才有味。**读书是需要品味的，读书就是一个品味的过程。只有把书里书外的那些深意都品出来了，才能读出书的真正含义，读出书的各种新意，读出另一番景象来。

品书是一种主动性思维。它是一种有意识的安排，一种有计划的观察，一种很奇怪的联系……要用朱光潜所说的"有所为而为"的态度，去寻找书中的那些所喜所爱，让自己真正与书"亲密结缘"。

品书是一种体验式过程。品书不是观赏，不能当旁观者。品书是心的行动，不需要距离和界限。品书是个性化的，是自己情趣的外射。一旦启动了这种体验模式，就会如林语堂所说的那样"他已立刻走进了另一个世界"。

品书是一种情趣化变换。有了情趣才有品味，但要实现这种情趣的品味化，不是随意读一读就罢了,也不是简单思一下就好了,而是要以"我"为中心,进行**"由书及我我及外"的高级思考**,把品的过程落在变的过程中。

　　这种变换是一种**"从书,到我,再到外"的情景变换**。要根据自己的取向,按照自己的意愿,把书里的和自己的联系起来,把自己的和书外的联系起来,把书里的和书外的联系起来,动态地、双向地进行"移情"思考,三品而味浓。

这种变换是一种**"从书见，到我见，再到品见"的情境变换**。把书里的见解和自己的见解结合起来，把自己的见解和书外的见解结合起来，进行反复的观察、思考和凝练，建立书里和书外的"意外"联系，三品而味足。

赵树理曾说："读书也像开矿一样'沙里淘金'。"其实，品书就是到书里"淘金"，但是，能不能在书里淘到"金"，还要看自己怎么去淘了。

品书是需要多情的。多情才会奇思妙想，才能触景生情、灵心妙用，书里的和书外的才联系得上。比如遇见了一位冰清玉洁的少女，就会联想到"香远益清，亭亭净植"的莲花。

品书是需要有情的。情深才会意浓，才有绵绵爱怜、丹心赤忱，才能品出读书的韵外之致。这时，就会觉得那位少女和莲花一样，具有"出淤泥而不染，濯清涟而不妖"的品格和气质。

品书是需要真情的。 真情才有实意，才会奔放流露、爱书心切，才能品出书里书外的那种高洁情怀。这时，那位少女就是"接天莲叶无穷碧，映日荷花别样红"的一朵美莲。

清代唐斌曾说："学者有自立之志，当拔出流俗，不可泛泛与世浮沉。"

读书自当应有这种超凡脱俗、与众不同的品味。

读书要品味，读书在品味。

追求读书境

读书最好的礼物是问题

17

问题是无时无处不在的。

问题意味着差距、困难或失败,也意味着进步、创新或成功……从某种意义上讲,**人的一生就是在解决一个接着一个问题的过程中一路走来的。**

真理有时就隐藏在问题的背后,**问题是成功与失败的分水岭**,它往往是挡在成功前面的最后一堵墙。英国戴维就说:"我最重要的发现是由失败给我的启发。"

对于大多数人来说,读书就是为了解决问题,原本也该去发现问题,并在破解问题的过程中得到提升。读书有问题总比没有问题好,**没有问题才是最大的问题。**

何况，书是人们对过去问题的总结，对现在问题的提示，对未来问题的启发。读书可以让人们了解问题已经解决的程度，发现还存在什么问题，未来会出现什么问题。**问题是读书艺术的精华所在。**

然而，有些人却没有问题意识，缺乏问题思维，对问题没有足够的敏感性，甚至还视而不见、漠不关心、置若罔闻，一本书读下来往往知其然而不知其所以然，没有深刻的印象，没有特别的记忆。

与它一样可怕的是傲慢与偏见，一味地以"我的"去判断是非，用"我的"去填补空白，缺少谦虚谨慎的态度，缺乏深思熟虑的追究，一本书读下来看似解决了不少问题，细思起来还是"走了两步，退了三步"。

有时一个貌似简单的问题恰恰导致了伟大的创造。一些问题看似微不足道，但对于一个满载着思想积累的人来说，足以使他原本模糊的概念突然清澈起来。朱熹曾说："读书无疑者，须教有疑，有疑者，却要无疑，到这里方是长进。"

要深刻理解问题的本质。爱因斯坦有句名言："提出一个问题往往比解决一个问题更重要。"事实上，提出一个问题所反映的是一个人的认识水平，其关键在于问题的判别标准，这才是问题的本质。

任何问题都是基于水平线、平均线或者均衡线而言的，它是由自己的期望或者追求所决

定的。这条线抬高了，问题自然就多了；放低了，问题自然就少了。与生活中的调整心态、排除烦恼相反，读书恰恰要把这条线抬得高一点才好。

要保持有意识的警觉。失败是对问题漠视的惩罚，成功是对问题在意的嘉奖。对于一个会读书的人来说，遇到问题是一件幸运的事情，问题越多认识就越深刻。读书就是要带着问题去读，在读中去找问题。**问题是读书最好的角度。**

要始终保持敏感性，以批判的思想、怀疑的态度和逆向的思维去读书。要像小学生那样敬畏知识，放弃一切先入之见，摒弃一切顽固不化，**让"留意问题"成为自己的座右铭。**

要有战斗探索的精神。问题常常会冒犯权威、挑战常规、否定既有，也会对现行的平衡体系产生一定的破坏作用。读书有时就需要有战斗精神，不受固定的所束缚，不受已知的所局限，不被危险的所吓倒，**找出问题、抓住不放。**

读书的进展是不规则的，但必须是倾注的。要培养对**问题探索的读书天性**，以问题为起点，踏着问题前行、沿着问题攀登，就会如法国杜伽尔所说的那样"任何一个障碍都能成为一个跳板，一个反跳的机会"。

其实，这种机会恰恰是读书的价值所在。

读书要用问题的眼光看问题。

用问题来奖励自己。

追求读书境

18

读书最美的感觉是拥有

知识是没有尽头的。

尤其在当今这个知识爆炸的时代，各种各样的新知识日新月异，知识匮乏是每个人都面临的现实问题。

而且，在当今这个时代，各种各样的新事物层出不穷，不断打破人们所固有的种种界限，有些人与时代的鸿沟越来越大，**需要用更多的新知识来支撑**，好让自己尽快走出知识的孤岛，更好地与外部环境无缝对接。

在这种时代的极力推动下，读书就显得更为重要了。

读书是不能包打天下的，但读书至少可以让自己及时跟上时代的步伐，让自己拥有许

追求读书境

读书载道

多属于自己的好东西。

读书是给自己建造了一个私人的智力平台。在这个平台中,有自己读书积累起来的思想库、方法库、标准库、案例库和问题库,可以说它是最全面、最廉价、最方便的知识系统。

这个平台是自己的动力和指针,当绞尽脑汁的时候可以先到库里找一找,当遇到问题的时候可以先到库里看一看……它让自己有更广阔的想象空间,有更大的人生舞台。**这是一个人最宝贵的财富。**

读书能让自己拥有非凡的思考力、判断力和鉴赏力。其实,读书是一种有意识的思维训练,它可以把别人的经验和自己的经验综合在一起,让自己站得更高、看得更远,从而实现从思考力、判断力到鉴赏力的提升。

拥有这种力量的人往往拒绝平庸、反对套路,不人云亦云、不随波逐流,思想会更加活跃,思维会更加开阔,角度会更加多样,情趣会更加丰富。这样的人到哪里都能闪光，在哪里都是金子。

读书能让自己拥有强劲的活力、魅力和潜力。其实，读书既授人以鱼也授人以渔，它是在与高人切磋交流，与知己吟诗论剑，骑着骏马在草原上奔驰。在读书的过程中不断增强自己的活力、魅力和潜力，大有"壮士腰间三尺剑，男儿腹中五车书"的气概。

拥有了活力，生着才有激情，活着才有热度，好奇心和童趣才不至于随着年龄的增长

而退化，人生的价值才能最大地诠释、激发或涌动出来，活泼的气场既愉悦了自己也感染了大家。**活力是读书为自己炼制的青春素。**

拥有了魅力，给人的感觉就大不一样，为人处世也会风趣豁达，对人有吸引力，做事有影响力，读书人所特有的那种内涵气质就能随时地散发出来，从而为自己添加了一份成功的砝码。**魅力是读书为自己制造的加分项。**

拥有了潜力，就拥有了实力，拥有了未来，成长的空间就更大，前进的步伐就更稳，发展的底气就更足，起步才有动力，长跑才有耐力，冲刺才有劲力，关键时刻还能扛得起、顶得上。**潜力是读书为自己准备的蓄水池。**

然而，读书所拥有的决不是天上掉下来的，也不是靠别人施舍得来的，它靠的是自己日积月累和潜移默化，是自己那份不屈的执着和不倦的迷恋。苏格兰卡莱尔就说过："天才就是无止境刻苦勤奋的能力。"

然而，**读书还必须学用相长。**要坚持从事实出发,而不是从原理出发;要坚持从实际出发,而不是从书本出发。这样,书就如培根所说的"是在时代的波涛中航行的思想之船",而你就是这条船上掌舵的船长。

  这是一条驶向成功的智慧之船,是你自己读书所创造出来的,让它伴你一生。

追求读书境

19 读书最妙的场境是氛围

读书是一门高雅的艺术。

它和艺术创作一样,要"因材施艺、统筹兼顾",要"如切如磋,如琢如磨",**思考要做加法,问题要做减法,修养要做乘法,抱怨要做除法。**读书是一件精细活儿。

这种精细活儿,酷爱、激情和灵感固然十分重要,但氛围却是必不可少的。

"问渠那得清如许,为有源头活水来。"书能不能读得进、能不能读得好,源头就在于有没有读书的氛围。只有氛围好了,读书才能有好心情,否则,读书的一切都会变得"浑浊"起来。

追求读书境

读书载道

俗话说，**心不正、读必歪**。虽然读书可以从不同的视野去思考，也可以从反面的角度去探究，但读书之心必须正。心正了，读书才能充满着正能量。

俗话说，**心不平、读必乱**。虽然读书要以动态的眼光去看问题，也要用批判的态度去分析，但读书之心必须平。心平了，读起书来才能轻轻松松。

而且，**读书之心还必须和**。要给自己来点微笑，让自己有点情调，读得要随意一点，放得要稍开一点，亦诵亦吟、亦思亦品，自然就会"书到精绝潜心读、文穷情理放声吟"。

法国雨果曾说："书籍是朋友，它虽然没有热情，但是非常忠实。"然而，这个朋友其实根本就不知道你是谁，如果你想和它成为莫逆之交，就必须先要捕获它的"心"才行。

读书自当心向阳光。当拿起书来的时候，要犹如日出朝霞那般，万丈光芒洒出的尽是蓬勃朝气，新的一页已经翻开，新的一步已经迈出……

当放下书本的时候,要犹如日落斜阳那样,一抹一抹都是景色斑斓的祥瑞之兆,收起的是浓浓的书香,留下的是不舍的眷恋,期待着再一次与它相约重逢……

读书的心要敞亮,读书的过程要明亮,读书的时候要豁亮,不唉声叹气,不患得患失,也不小肚鸡肠,让读书在阳光的沐浴下焕发出无限的生机,把读书的喜放在心里、悦挂在脸上。

读书自当情归空零。 有时要从零开始出发，把过去的暂时放一放，卸下包袱、轻装上阵，从零开始进行新的思考，为自己的知识系统增添新的动力。

有时要从零开始积累，把既有的暂时放一放，另起炉灶、重新开张，从零开始进行新的储备，为自己的知识系统注入新的活力。

有时要从零开始攀登，把身后的暂时放一放，从容不迫、淡定自若，从零开始进行新的探索，为自己的未来打造新的更大的潜力。

读书自当神情怡然。 要像对待老师一样对待书籍，谦卑恭敬、礼仪有加，耐心听"老师"教诲，虚心向"老师"求教，做一个好学好问的好学生。

要像对待孩子一样对待书籍，千般疼爱、万般呵护，以书为荣、与书为伍，用一颗平常心默默地陪着它，让它成为自己生命中最绚烂的彩霞。

要像对待老朋友一样对待书籍，敞开自己的心扉，拿出最好的茗茶，推心置腹、坦诚相见，心里要坦然，脸上要自然，读得要怡然。

其实，读书的氛围是自己营造的，它是读书心情的真实写照，完全取决于自己的心意。法国法布尔就曾说："学习这件事不要在乎有没有人教你，最重要的在于你自己有没有觉悟和恒心。"

其实，这种觉悟和恒心是读书氛围的篱笆。

要营造一个好氛围，阳光地去读书。

追求读书境

读书载道

读书最靓的景色是过程

20

人的一生是自己所有过程的总和。

读书是人生不可缺少的重要过程。

读书最宝贵的就是经历了**智慧和精气神**，它是为自己人生所做的思想准备。法国巴尔扎克就说："一个能思想的人，才真是一个力量无边的人。"

追求读书境

读书过程见证的是自己的人生经历，书写的是自己的人生历程，镌刻的是自己的人生轨迹。**过程是读书的全部意义所在。**

读书不仅有许多收获，还有刺激、惊喜和意外……它们都在读书的过程中一个一个地

读书载道

展现出来。可以说，**读一本书上一个台阶，读一辈子书造就高雅的人生**。过程是读书一道靓丽的风景线。

希腊普鲁塔克曾说："衡量人生的标准是看其是否有意义，而不是看其有多长。"其实，读书也一样，**关键在过程，核心看质量**，它是读书这道风景线上最靓丽的景色。

读书是一件自己主导的脑力活儿，脑子里要装着过程，过程中要装着质量，把读书当作一次惬意的旅游、看作一次悦己的创作，给自己留下一串串难忘的脚印。

读书就是一次惬意的旅游。一本书好比一个旅游景点，书中的那些思想内容、结构形式以及文风文采是里面的"景观景色"，它们就摆在那里，怎么观是自己的事情，怎么赏是自己的问题。

然而，如果能把自己的情趣与书中的"美景"结合起来，把自己对"美景"的理解与对真善美的追求结合起来，融入景中、随景入境，读书便会进入"景我两忘"的境界，如此方能领略到读书的真谛。

况且，读书是一种性价比最高的旅游方式，随时可以来一场说走就走的旅游，这次可以这么走、下次可以那么走，这次可以关注这个、下次可以关注那个。**读书的世界是属于自己一个人的。**

读书就是一次悦己的创作。 读书的魅力在于对问题的探究，而这种探究是以书里的知识体系为素材，对照自己的知识体系进行有意的加工，进而形成自己新认识的过程。

这时，人们往往会把理论的与实际的联系起来，把书里的与书外的挂起钩来。这固然是读书的实用需要，但这种联系不能是凭空产生的，这种挂钩也不应是臆造的，否则这种创作就会成为"天外来客"。

这种创作过程，无论是问题的提出、创意的构思，还是"作品"的实现，都是在对书本理解的基础上，对自己的价值重塑。这个过程有时很苦很难，但希腊荷马说得好："谁经历的苦难多，谁懂得的东西也就多。"

读书就是给自己留下一串串难忘的脚印。 这些脚印是自己读书的忠实记录，有读书的所感所悟，有读书的所疑所问，有读书的种种批注，都会记在本子上或者电脑里。徐特立就曾说："不动笔墨不读书。"

这些脚印是自己读书的深刻记忆，有读书的乐趣享受，有读书的品味情调，有读书的种种故事，都会印在自己的脑子里，刻在自己的心坎上。

这些脚印是自己读书的生动实践，有思想进步的痕迹，有能力提升的烙印，有实践的种种成果，都会在自己的人生道路上留下非常厚重的注解。

美国莫利曾说："只有一种成功，就是能以自己的生活方式度过自己的一生。"从某种意义上讲，**读书是一种成功的生活方式。**

它是一条通向成功的宽阔大道。

那里有自己留下的脚印……

追求读书境

读书载道

参考文献

[1] 恩格斯. 自然辩证法[M]. 北京：人民出版社，1971.

[2]《马克思主义基本原理概论》编写组. 马克思主义基本原理概论[M]. 北京：高等教育出版社，2018.

[3] [英]阿尔弗雷德·诺思·怀特海. 思维方式[M]. 赵红，译. 北京：新华出版社，2018.

[4] [美]德姆·巴雷特. 逆向思维：释放你潜在的创造力[M]. 刘永涛，译. 上海：上海人民出版社，1999.

[5] [美]彼得·德鲁克. 管理前沿[M]. 闾佳，译. 北京：机械工业出版社，2018.

[6] [美]杰里米·里夫金. 第三次工业革命[M]. 孙豫宁，译. 北京：中信出版社，2012.

[7] [以色列]尤瓦尔·赫拉利. 人类简史：从动物到上帝[M]. 林俊宏，译. 北京：中信出版社，2017.

[8]朱光潜.悲剧心理学[M].北京:人民文学出版社,1983.

[9]朱光潜.谈美[M].北京:中国青年出版社,2014.

[10]华东师范大学心理学系公共必修心理学教研室.心理学[M].上海:华东师范大学出版社,1982.

[11]李远山.诗道无界[M].北京:作家出版社,2010.

[12]林语堂.品味人生[M].西安:陕西师范大学出版社,2005.

[13]朱跃生.变论[M].北京:中国商业出版社,2019.

[14]北力.墨菲法则[M].沈阳:沈阳出版社,2004.

[15]张清宇.逻辑学九章[M].南京:江苏人民出版社,2004.

[16]吴调公.文学分类的基本知识[M].武汉:长江文艺出版社,1982.

责任编辑：管明林
封面设计：廖家源
插　　图：朱燥梅

与书为伍，可以尽知天下之事。
有书为伴，可以全无寂寞之心。
读一本书上一个台阶，读一辈子书造就高雅的人生。
读书是一种成功的生活方式。

ISBN 978-7-5208-1464-5

定价：39.00元

【作者简介】

朱跃生，当代哲人、作家、企业管理专家，1963年10月生，浙江金华人，1984年于天津大学本科毕业，1987年于中国科学院长春光学精密机械研究所硕士研究生毕业。曾受聘天津大学硕士研究生导师和长江大学客座教授、硕士研究生导师，中华诗院文化顾问。曾主持经济政策、企业管理和投资项目相关研究120多项，出版《变论》等专著4部，发表论文70多篇。